BEI GRIN MACHT SICH IHR
WISSEN BEZAHLT

- Wir veröffentlichen Ihre Hausarbeit,
  Bachelor- und Masterarbeit

- Ihr eigenes eBook und Buch -
  weltweit in allen wichtigen Shops

- Verdienen Sie an jedem Verkauf

Jetzt bei www.GRIN.com hochladen
und kostenlos publizieren

Sigrid Vollmann

Imposante Bauwerke der Antike

GRIN Verlag

Bibliografische Information der Deutschen Nationalbibliothek:

Die Deutsche Bibliothek verzeichnet diese Publikation in der Deutschen National-
bibliografie; detaillierte bibliografische Daten sind im Internet über http://dnb.d-
nb.de/ abrufbar.

Impressum:

Copyright © 2012 GRIN Verlag GmbH
Druck und Bindung: Books on Demand GmbH, Norderstedt Germany
ISBN: 978-3-656-48574-2

Dieses Buch bei GRIN:

http://www.grin.com/de/e-book/231701/imposante-bauwerke-der-antike

GRIN - Your knowledge has value

Der GRIN Verlag publiziert seit 1998 wissenschaftliche Arbeiten von Studenten, Hochschullehrern und anderen Akademikern als eBook und gedrucktes Buch. Die Verlagswebsite www.grin.com ist die ideale Plattform zur Veröffentlichung von Hausarbeiten, Abschlussarbeiten, wissenschaftlichen Aufsätzen, Dissertationen und Fachbüchern.

Besuchen Sie uns im Internet:

http://www.grin.com/

http://www.facebook.com/grincom

http://www.twitter.com/grin_com

Inhaltsverzeichnis:

Die Sieben Weltwunder:
Es gibt einen Papyrus aus dem 2. Jahrhundert v. Chr., der in altgriechisch ist und laterculi Alexandrini benannt wird. Dieser Papyrus zählt die sieben Weltwunder der Antike auf.[1] Er ist aber nur in Fragmenten erhalten. Die erste vollständige Auflistung ist die Anthologia Palatina, als deren Verfasser Antipatros von Sidon gilt. Antipatros lässt den Pharos aus und hat stattdessen die Mauern von Babylon als Weltwunder angeführt. Die Auswahl der Weltwunder wurde im Laufe der Zeiten aber immer wieder geändert. So galt zum Beispiel auch einmal das Kolosseum als Weltwunder. Der Pharos kam erst in der Renaissance dazu.[2]

Der Zeustempel:
Zwischen 472 und 456 v. Chr. errichtete der Baumeister Libon von Elis den Zeustempel. Der Ringhallentempel mit seinen 6 auf 13 Säulen war am Stylobat gemessen 64 mal 28 Meter groß und zählt zu den bedeutendsten Bauwerken der frühklassischen Architektur. Als Baumaterial diente ein in der Umgebung von Olympia anstehender poröser Muschelkalk. Alle Sichtoberflächen wurden abschließend mit einem dünnen, nur etwa 1 mm starken Stuck überzogen und einzelne Bauglieder farbig gefasst. Die Dachdeckung einschließlich des Dachrandes (Sima) und der Löwenkopfwasserspeier war aus Marmor gefertigt. Anfangs aus parischem und späternaus pentelischem Marmor.
Die Giebelfelder des Tempels waren mit Marmorskulpturen ausgestattet. Im Ostgiebel ist als Thema eine lokale Sage – die Wettfahrt zwischen Oinomaos und Pelops – dargestellt. Zeus erscheint in der Mitte als Schicksalsbestimmer: er wendet sich nach rechts zu Pelops, welcher die Wettfahrt gewinnen wird. Im dem Westgiebel wird der Kampf der Lapithen gegen die Kentauren wiedergegeben. Die Metopen über Pronaos und Opisthodom zeigen in Reliefs die zwölf Taten des Herakles. Giebelskulpturen und Metopen gehören zu den wichtigsten erhaltenen Vertretern des Strengen Stils. In der Cella des Tempels stand die über 12 Meter hohe Zeus-Statue des Phidias aus Gold und Elfenbein, die in der Antike zu den sieben Weltwundern gezählt wurde.
Zu den Olympischen Spielen 2004 wurde eine der etwa 10,55 m hohen Säulen des Zeustempels, die von Westen gezählt zweite Säule auf der Nordseite (N12) wieder aufgestellt, um einen Eindruck von der Größe des Bauwerks zu vermitteln. Fehlende Trommeln wurden aus neuem Muschelkalk ergänzt, während an den erhaltenen Säulentrommeln fehlende Partien aus Kunststein ergänzt wurden. Besonders umfangreiche Ergänzungen wurden am Kapitell vorgenommen, so dass nur noch wenige Partien der originalen Oberfläche sichtbar sind. Westlich des Zeustempels wird das Hippodameion vermutet, konnte aber bis heute nicht gefunden werden.
Zeusstatue: Es handelt sich dabei um eine gold-elfenbein Statue des Pheidias, die sich im Zeus-Tempel in Olympia befand. Die Statue hatte eine Höhe von ca. 12 Metern. Strabon meinte dazu, dass die Statue so groß gewesen sein, dass sie das Dach des Tempels durchstoßen hätte, wenn sie aufrecht gestanden hätte. Weiters weiß er, dass die Statue einer Beschreibung Homers nachgebaut sei. So heißt es in der Ilias :" Sprachs und mit den schwarzen Brauen nickte Kronion und die ambrosischen Haare des Herren wallten nach vorne von dem unsterblichen Haupt und erbeben ließ er den großen Olymp."
Plinius sagt über die Statue aus, dass „ihm niemand den Rang streitig macht." Epiktet erwähnte in einem Werk, dass die Leute nach Olympia reisten wegen der Statue. Pausanias hat die ausführlichste Beschreibung. Durch ihn wissen wir, dass Zeus auf einem Thron saß und sein Kopf einen Ölbaumkranz umrahmte. In der rechten Hand hielt er eine gold-elfenbein Statue der Nike, in der linken Hand ein Szepter, auf dem ein Adler saß. Das Gewand war aus Gold und ebenso die Sandalen. Das Gewand war mit Tierfiguren und Lilien geschmückt. Der Thron wirkt durch Ebenholz, Elfenbein und Edelsteine farbig. Auf jedem Thronbein war eine Nike dargestellt und an jedem Fuß zwei weitere Niken. Zwischen den

---

[1]   Brodersen, 9

[2]   Scarre, 20

Beinen des Thrones sind vier Leisten. Auf der Leiste gegenüber dem Eingang sind sieben Knaben abgebildet, die einen Ringkampf veranstalten. Ein Knabe ist angeblich Pantarkes. Er war der Gewinner des Ringkampfes bei den 86. olympischen Spielen und war außerdem angeblich der Geliebte des Pheidias. Somit haben wir einen terminus post quem, denn wir wissen, wann die 86. olympischen Spiele stattgefunden haben: im Jahr 436 v. Chr. Die Zeusstatue muss also nach diesem Datum gefertigt worden sein. Es gilt als gewiss, dass die Statue in mehreren Schichten abgeschält wurde. So wurde zuerst das Elfenbein weich gemacht entweder mit Feuer, Essig oder Alraunwurzelsud. Dann formte man damit das Elfenbein.[3]
Es gibt vereinzelt Darstellungen dieses Weltwunders auf antiken Münzen. Diese Darstellungen geben aber nicht sehr viel preis.
Pausanias weiß noch etwas anderes zu berichten: Nach der Beendigung der Zeusstatue soll Pheidias Zeus um ein Zeichen gebeten haben, ob ihm das Werk gefalle. Daraufhin sandte Zeus einen Blitz, um seine Zustimmung zu geben.
Ein weiteres Wunder geschah unter Caligula: Er wollte, dass alle bedeutenden Statue von Griechenland nach Rom gebracht werden, um die Köpfe der Statue gegen seinen eigenen Kopf auszutauschen. Die Zeusstatue ließ sich für den Transport aber nicht auseinander nehmen und ließ angeblich ein Gelächter hören.
Wann die Statue endgültig zerfiel, weiß man leider nicht.[4]

Cheopspyramide:
Die Pyramiden sind die einzigen der Weltwunder, die noch stehen.[5] Herodot berichtet, dass der Gang zu den großen Pyramiden in 10 Jahren erbaut wurde und die Pyramide selber in noch einmal zehn Jahren. Die Pyramiden gelten als Abbild des Sonnenlichtes, wenn das Licht schräg einfällt oder als Rampe in den Himmel.[6] Der Standort wurde sorgfältig ausgewählt, da sie sich westlich des Nils befinden und der Westen immer mit dem Tod gleichgesetzt wird. Das gleiche Phänomen gibt es im Tal der Könige. Für den Bau wurde ein solider Untergrund gewählt. Hatte man diesen gefunden, ging man daran, das ganze zu nivellieren, einzuebnen und eine Basis zu errichten. Diese Basis war immer quadratisch.
Es handelt sich um die größte Pyramide von Gizeh. Deswegen wird sie auch die „große Pyramide" genannt. Sie wurde als Grabmal für den Pharao Cheops errichtet und ist außerdem die höchste Pyramide der Welt. In der Antike galt sie als Weltwunder. Vermutlich wurde sie um 2580 vor Christus fertig gestellt. Sie ist genau nach den vier Himmelsrichtungen orientiert. Die Chephren Pyramide, die mittlere Pyramide der Pyramiden von Gizeh, wirkt größer als die Cheops Pyramide, da sie auf einem höher gelegenen Platz errichtet wurde. Deswegen werden die beiden Pyramiden auch sehr gerne miteinander verwechselt.
Die Cheopspyramide besteht aus Kalksteinblöcken und Basalt, die oft mehrere Tonnen wiegen. Ursprünglich war die Pyramide mit Tura-Kalkstein verkleidet. Dieser wurde von Tzra über den Nil nach Gizeh transportiert. Jeder Block wog ca. 2,5 Tonnen. Von dem Kalkstein ist leider nur mehr sehr wenig erhalten. Der Baumeister war vermutlich ein Neffe des Cheops.
Ursprünglich lag der Eingang der Pyramide an der Nordseite ca. 16 Meter über dem Bodenniveau. Strabon, ein römischer Schriftsteller, der um 25 vor Christus Ägypten bereiste, schrieb, dass der Eingang der Cheopspyramide durch einen Stein verschlossen war. Ob das der ursprüngliche Verschluss war, kann leider nicht mehr festgestellt werden. Eher ist aber an ein System aus Verschlusssteinen und Verkleidungssteinen zu denken. Der Eingang,

---

[3]   Scarre, 35

[4]   Brddersen, 67

[5]   Brodersen, 21

[6]   Scarre, 22

durch den man heute die Pyramide betritt, befindet sich etwas unterhalb des ursprünglichen Einganges und wurde im Jahr 823 in die Pyramide geschlagen. Vom ursprünglichen Korridor führt ein absteigender Gang nach unten. Insgesamt führt er über 100 Meter in die Tiefe, bis er in der Felsenkammer mündet. Diese war unvollendet. Die Funktion ist umstritten. Aufgrund des Aufbaus könnte man von einer Grabkammer sprechen, aber es hätte kein Sarg durch den Korridor gebracht werden können und außerdem gibt es keine Sicherheitsvorkehrungen.

Von der Felsenkammer wurden noch zwei weitere Gänge begonnen. Diese wurden aber nicht vollendet. Möglicherweise liegt hier eine Deutung als Vorkammer vor oder es war hier ein unterirdisches Kammersystem geplant, das scheiterte, weswegen dieses nun in der Mitte der Pyramide zu finden ist. Zwischen diesen beiden Gangsystemen befindet sich ein Luftschacht. Dieser diente den Arbeitern zur Belüftung.

Der aufsteigende Korridor, der vom ursprünglichen Korridor nach oben führt, weist eine Besonderheit auf: Es gibt vier senkrecht im Kernmauerwerk verankerte Kalksteinblöcke, durch die der Gang hindurch konzipiert worden war.

Hier geht die große Galerie weg. Sie ist doppelt so breit wie der aufsteigende Korridor und besitzt ein Kraggewölbe. Die Decken wurden versetzt verlegt, wodurch sie in die Seitenwände einhacken und so den Schub abfangen können.

Vom aufsteigenden Gang geht ein weiterer Gang in die Königinnenkammer. Sie ist mit feinem Kalkstein ausgekleidet und hat ein Satteldach. Sie war der erste Raum in einer Pyramide, der mit einem solchen Dach ausgestattet war. An der Ostwand befand sich eine Nische – möglicherweise für eine Statue, da auch einige solcher Fragmente gefunden worden sind. Von dieser Kammer geht ein weiterer Gang weg. Zumindest die ersten 7 Meter weisen eine schöne Struktur auf, so dass von einer bestimmten – für uns nicht mehr nachvollziehbaren - Funktion ausgegangen werden kann. Die restlichen Meter des Ganges haben eine rohe Gestalt, weswegen hier von einer Erweiterung von Grabräubern gesprochen werden kann.

Korridor zur Sarkophag Kammer: In diese Kammer gelangt man durch die große Galerie. Dazu muss man eine Kammer mit Granitfallsteinen durchqueren. Es handelt sich um drei Blöcke zu je 2,5 Tonnen, die der Blockierung der Grabkammer dienten. Die Blöcke konnten in Rinnen bewegt werden. Während der Bauzeit wurden die Blöcke vermutlich durch Seile und Holzbalken hochgehoben, damit in dieser Zeit niemand blockiert wurde.

Die Königskammer: Sie ist vollständig aus Granit, der aus Assuan stammt, und weist eine flache Decke auf, was für die 4. bis 6. Dynastie einzigartig war. Im westlichen Teil steht der Sarg des Cheops, wobei der Deckel fehlt. Aufgrund der Größe des Sarges kann man davon ausgehen, dass er nicht durch die Korridore gebracht wurde, sondern bereits in der Grabkammer errichtet worden war. Der Leichnam ist geplündert worden.

Oberhalb der Grabkammer gibt es fünf Entlastungskammern. Hier wurden Inschriften der Arbeiter gefunden.

Der Pyramidenkomplex:
Reste eines Totentempels an der Ostseite der Pyramide konnten nachgewiesen werden wenn auch nur das Basaltpflaster. Der Tempel öffnete sich auf einen Hof mit Kolonnaden.
Der Aufweg zum Taltempel ist auch nicht mehr wirklich vorhanden.
Südöstlich der Cheopspyramide konnte ein Kulttempel nachgewiesen werden. Bis auf die unterste Schicht ist die Kultpyramide abgetragen, so dass nur mehr das Kammersystem sichtbar ist.
Östlich von der Cheopspyramide stehen drei Pyramiden, die als Königinnenpyramiden in der Literatur bezeichnet werden. Cheops war der erste Pharao, der solche Nebenpyramiden errichten ließ. Königinnenpyramiden hatten keine Verbindung zum Pyramidenkomplex. Eine Zuordnung an die Königinnen ist leider nur sehr beschränkt möglich, auch die Bauzeit lässt sich nicht sehr genau einschränken. Man geht jedoch von einer gleichzeitigen Bauzeit der Königinnenpyramiden und der Cheopspyramide aus.
Herodot nennt Hebewerkzeuge, die für den Bau verwendet wurden. Zuerst wurde die unterste Stufe angelegt, dann wurde das Hebewerkzeug auf dieser Stufe positioniert und hob die Steine vom Boden auf und so entstand die zweite Stufe. Dann wurde das

Hebewerkzeug auf die zweite Stufe gelegt und es entstand die dritte Stufe usw. Es kann aber auch ein Rampensystem beim Bau verwendet worden sein, wobei für die unterschiedlichen Baustadien unterschiedliche Rampen verwendet wurden. So kann man davon ausgehen, dass für den Bau des unteren Bereiches verschiedene Rampen erbaut worden waren, um einen schnelleren Bau zu ermöglichen.[7] Dies würde auch besagen, dass in höheren Abschnitten immer weniger Rampen verwendet worden sind und für den Bau der Spitze lediglich eine große Rampe. Dies kann aber nicht sein, da eine einzige Rampe zur Pyramidenspitze für den minimalen Platz vor der Pyramide nicht ausgereicht hätte.

Herodot weiß auch weiter zu berichten, dass Cheops ein ganz schlechter Pharao gewesen sei, denn um den Bau der Pyramide zu finanzieren, hätte er seine Tochter in ein Bordell geschickt. Die Tochter habe jedem Freier im Bordell erzählt, dass sie vorhätte sich ein Denkmal zu erbauen und jeden Freier um einen Stein gebeten. Mit diesen Steinen sie die kleine Pyramide, die in der Mitte von den dreien nahe der Großen steht, entstanden.

Hekataios von Abdera weiß zu berichten, dass die Steine, die für den Bau der Cheopspyramide verwendet wurden, aus Arabien kamen und dass der Bau mit Hilfe von Aufschüttungen bewerkstelligt worden sei.

Philon von Byzanz meint hingegen, dass die Pyramide aus unterschiedlichen Steinen erbaut worden sei: Marmors, schwarzer Hämatit und grünschimmernder Stein.

Die Steine wurden – wie bereits gesagt – von ihrem Ursprungsort über den Nil nach Gizeh transportiert. Von der Anlegestelle wurden die Steine auf Holzschlitten gehievt und zu dem Pyramiden gebracht. Dabei gab es eigene Wege für den Schlitten. Einen solchen Weg fand man beispielsweise bei den Pyramiden in el-Lischt (60km südlich von Kairo) . Diese Wege bestanden aus einer Reihe glatter Holzbalken, die man in ein Lehmbett gelegt hatte. Somit gab es wenig Reibung und ein leichterer Transport war möglich. Diese Art des Transportes werden wir auch noch später kennenlernen.

Nachdem die Steine in Gizeh waren, wurden sie an ihren Standort transportiert. Scarree geht davon aus, dass man die Ecksteine zuerst platziert hätte. Das ist aber nur bei mehreren Rampen möglich. Auf alle Fälle wurden die Steine dann an Ort und Stelle bearbeitet. Die Ritzen wurden mit Gipsmörtel ausgefüllt. Das Glätten der Steine erfolgte nach Vollendung der Pyramide von oben nach unten. Das kann man auch sehr gut an der Mykerionspyramide erkennen, da der untere Teil nicht geglättet ist, weil der Bau hier vorzeitig abgebrochen werden musste.

Chephren Pyramide:
Chephren war der Sohn des Cheops und seine Pyramide ist die mittlere von Gizeh. Gleichzeitig ist sie auch die zweithöchste Pyramide. Die Pyramide ist handwerklich schlechter ausgeführt als die Cheopspyramide. Teilweise sind die Steine nur grob behauen, teilweise fehlt Mörtel (zumindest beim Fundament). Diese Pyramide ist mit Granit und Kalkstein ummantelt. Reste des Pyrimidins sind noch heute zu erkennen.

Es gibt zwei Eingänge im Norden, wobei der untere Eingang direkt in einen Stollen führt, der möglicherweise die Funktion der Königinnenkammer der Cheopspyramide erfüllte. Der Gang steigt wieder an und führt nach oben, wo sich die beiden Gängen wieder miteinander verbinden. Dieser Gang führt nun waagrecht in die Grabkammer. Die Wände bestehen aus gewachsenem Fels. Der Sarg ist aus Granit und wurde halb in den Boden eingelassen. Der Sarg ist geplündert worden.

Der Pyramidenbezirk:
Auch hier gab es eine Umfassungsmauer, die südlich eine kleine Nebenpyramide ausschloss. Ob es sich dabei um eine Kultpyramide handelt oder um die Pyramide der Königin kann nicht mehr geklärt werden.

Der Totentempel liegt östlich der Pyramide und weist mehrere Kennzeichen eines Totentempels auf: Eingangshalle, offener Säulenhof, Nischen für Königsstatuen, Kammern

---

[7]   Scarre, 25

und das Allerheiligste mit Scheintüren. Der Tempel war aus Kalkstein errichtet und im Inneren aus Granit.

Der Aufweg zwischen Tal und Totentempel ist nur mehr sehr spärlich erhalten. Der Aufweg verläuft nicht wie sonst üblich von Ost nach West sondern die Orientierung ist leicht verschoben aufgrund der Sphinx.

Der Taltempel lag neben dem Sphinxtempel und bestand aus großen Kalksteinblöcken, war aber im Inneren wieder mit Granit verkleidet.

Die Sphinx: Die meiste Zeit ragte nur der Kopf der Sphinx aus dem Sand, diesem Umstand haben wir den guten Erhaltungszustand zu verdanken. Bei einer Sphinx handelt es sich um einen Löwenkörper mit menschlichem Kopf. Die Sphinx von Gizeh ist die bekannteste dieser Gattung. Der Kopf ist im Vergleich zum Körper auch sehr klein geraten. Farbreste, die sich hinter dem Ohr befanden, lassen die Vermutung zu, dass die Sphinx ursprünglich bemalt war. Die Sphinx wurde aus Kalkstein gefertigt. Zwischen den Pranken der Sphinx wurde zu einer späteren Zeit eine Stele errichtet. Diese Stele berichtet vom Leben des Thutmosis IV, der eben diese Stele errichten ließ.

Die Funktion der Sphinx ist unklar. Möglicherweise sollte sie einfach nur das Plateau bewachen. Das deutsche archäologische Institut bzw. ein Vertreter davon geht davon aus, dass die Statue zum Sonnenkult gehörte. Möglicherweise ist es aber auch eine Darstellung des Pharaos Chephren.

Auffällig bei der Sphinx ist die fehlende Nase. Das Gerücht, dass daran Napoleon Bonaparte Schuld gewesen sein soll ist falsch und ebenso die Tatsache, dass Obelix die Nase abgeschlagen hat. Im 18 Jahrhundert fertigte ein dänischer Künstler für den dänischen König ein Bild der Sphinx an. Bei diesem Bild steckt die Sphinx noch fast vollständig im Sand nur der Kopf ohne Nase ist frei.

Mykerinos Pyramide:

Sie ist die kleinste Pyramide in Gizeh, wurde aber wie die beiden anderen auch in der 4. Dynastie errichtet. Mykerinos war der Sohn des Chephren, so gesehen stellt das Plateau von Gizeh ein Familiengrabmal dar. Oft wird die Frage gestellt, warum diese Pyramide viel kleiner ist als die von Vater und Großvater. Die Frage kann nicht eindeutig beantwortet werden. Möglicherweise gab es Platz- oder Geldprobleme oder möglicherweise wandte man sich dem Gott Ra zu, was zur Folge hatte, dass der Tempelbau für diesen Gott gefördert worden war. Die Pyramide war bis auf die untersten Lagen aus Kalkstein. Die untersten Lagen waren aus Granit, wobei der Granit noch unbearbeitet war. Möglicherweise ein Hinweis darauf, dass der König früher starb als erwartet.

Auch der Eingang dieser Pyramide befindet sich an der Nordseite. Ein Schacht mündet in einen Vorraum mit Scheintüren. Dahinter gibt es eine Kammer mit mehreren Fallen. Dieser Gang stößt gerade in die Mitte der Pyramide vor und durch eine Öffnung in diesem Schacht kommt man in die darunterliegende Grabkammer. Reste eines Holzsarges mit dem Namen des Mykerinos wurden gefunden.

Am Beginn des 20. Jahrhunderts war die Harvard Universität mit der Untersuchung der Pyramide betreut und konnte feststellen, dass die Substruktur der Pyramide drei Mal geändert worden war – aus welchen Gründen auch immer.

Pyramidenkomplex: Auch diese Pyramide war von einer Umfassungsmauer umgeben. Im Süden liegen drei Nebenpyramiden, in einer wurden die Knochen einer Frau gefunden. Vermutlich handelt es sich daher um die Königinnenpyramiden.

Auch hier befindet sich östlich der Pyramide ein Totentempel. Im Tempel fanden sich Reste von einer überlebensgroßen Statue des Pharaos.

Die Mauern von Babylon:

Diese wurde dann in späterer Zeit durch den Leuchtturm von Alexandria ersetzt. Die Mauern von Babylon sind 7 Meter dick und sind aus angebrannten Lehmziegeln. Dieser Mauer ist dann noch einmal eine Außenmauer vorgelagert mit der gleichen Dicke mit dem einzigen Unterschied, dass diese aus gebrannten Ziegeln war. Dieser Mauer ist dann noch eine 3. Mauer vorgelagert und diese gewaltigen Mauern schützen den Ostteil der Stadt auf rund 9

km. Die Höhe dieser 3. Mauer ist nicht rekonstruierbar, da Lehmziegeln extrem fehleranfällig sind und die gebrannten Lehmziegeln wurden für andere Bauwerke verwendet.
Herodot beschreibt die Mauer als so breit, dass ein Viergespann auf ihr Fahren konnte. Außerdem hätte die Mauer 100 Tore besessen. Er berichtet auch, dass es zwei Mauern gab.
Theresias berichtet, dass die Mauer 250 Türme besessen hätte und so breit war, dass zwei Gespanne zugleich darauf fahren konnten. Er nennt als Bauherrin Semiramis. Der Umfang der Mauer war 60 Km und sie war 100 m hoch – diese letzte Angabe bestätigt auch Herodot, ist daher möglicherweise sogar wahr.
Strabon, der sich auf einen Schriftsteller bezieht, der mit Alexander dem Großen in Babylon war, gibt die Breite der Mauern mit 10 Metern an. Es wäre daher wirklich möglich gewesen, dass ein Viergespann darauf fahren kann und auch zwei Gespanne würden sich ausgehen.
Beressos, ein Schriftsteller, der im 3. Jahrhundert v. Chr. lebte und aus Babylon ist, gilt in dieser Hinsicht als verlässlichste Quelle zumal er in seinem Werk über die Stadt Babylon die Geschichte der Stadt vollkommen richtig wiedergibt. Er gibt uns Auskunft darüber, dass sowohl die innere Stadt als auch die äußere Stadt mit je drei Mauerringen umgeben gewesen seien.

Die Hängenden Gärten:
Schon Odysseus bestaunt in der Odyssee bei seinem Besuch bei den Phaiaken die üppigen Gärten. Das lässt sich nur dadurch erklären, dass Gartenanlagen in heißen Länder doch sehr selten sind, da sie einer sehr guten Pflege bedurften. Es handelte sich dabei immer um etwas Besonderes.
Antipatros von Sidon berichtet – wie bereits erwähnt – als erster die Sieben Weltwunder und nennt auch die Hängenden Gärten, gibt jedoch keine Ortsangabe an.
Es gibt aber einige andere Schriftsteller, die über das persische Reich schreiben:
- Beressos schreibt ein Werk mit dem Titel Babyloniaka, das verloren gegangen ist, jedoch Flavius Josephus als Vorlage dient.
- Diodoros Sikulos, der seine Beschreibung im 1. Jahrhundert nach Christus verfasst.
- Ktesias von Knidos. Er war ein Arzt, der um 400 v. Chr. in persische Gefangenschaft geriet und von diesem Zeitpunkt an der Hofarzt des Artaxerxes II war. Sein Werk nannte sich Persika, ist aber auch verloren. Passagen wurden u. a von Diodor aufgegriffen.
- Strabon mit seinem Werk Geographika und
- Philon von Byzanz mit seinem Werk zu den sieben Weltwundern der Antike.

Die Begleiter von Alexander dem Großen berichtete von einem Garten, der von Gewölben getragen wurden, die auf Pfeilern ruhen. Die Pfeiler sind mit Erde gefüllt. Der Garten würde außerdem am Euphrat liegen. Kleitarchos, ein anderer Begleiter von Alexander, nennt als Erbauer einen König aus Syrien, der den Palast für seine persische Nebenfrau anlegen ließ, da sie Sehnsucht nach den heimatlichen Bergwiesen hatte. Der Garten hätte mehrere Stockwerke gehabt und sei unterhalb mit Gängen versehen gewesen.
Beressos gibt an, dass die Gärten von Nebukadnezar für seine Frau errichtet worden seien. Der Name Semiramis wird also nirgends genannt. Es gilt daher als sicher, dass der Garten von einem König errichtet für seine Frau errichtet worden ist.
Vielleicht wird als Ort der Hängenden Gärten auch ein Bau in palastnähe genannt. Es habe sich um einen quadratischen Bau mit einer Seitenlänge von 120 m gehandelt, der in Etagen unterteilt war. Diese wurden von Gewölbe getragen.
Robert Koldewey lokalisierte die Hängenden Gärten im Nordostteil des Südpalastes, deren Fundament aus mehreren überwölbten Räumen bestand. Dieser Bau bestand aus vierzehn Kammern. Es gibt außerdem eine Brunnenanlage. Auffällig waren vor allem die paternosterähnlichen Bauten, die anscheinend Wasser zwischen mehreren Etagen transportierten. Man fand heraus, dass dieses Wasser mehreren Quellen entsprang. Das Areal entstand unter Nebukadnezar II. Laut dieser Schriftsteller lagen die hängen Gärten auf

oder neben dem Palast und hatten eine Seitenlänge von 120 Metern und bildeten ein Quadrat.

Es gibt aber auch die These, dass es sich bei den Hängenden Gärten nur um den Palastgarten Nebukadnezars II handele und diese Gärten der Öffentlichkeit nicht zugänglich waren. Somit sei die Phantasie angespornt worden. Dazu kommt noch die Tatsache, dass die gesamte Bewässerungsmaschinerie erst aus einer Zeit nach Nebukadnezar II nachzuweisen sei. Weder die zeitgenössischen Autoren noch Herodot berichten von diesen Hängenden Gärten.

Koloss von Rhodos:

Der Koloss von Rhodos hat Vorbilder in Ägypten – man denke nur an die Memmnonkolosse oder die gigantischen Statuen der Pharaonen. Im 5. Jahrhundert stelle man nur Götter als Kolossalstatuen dar. Hier sind ist der olympische Zeus zu nennen oder die Athena des Parthenons. Meistens sind solche Kolossalstatuen Kennzeichen der griechischen Kolonien. In römischer Zeit sind Kolossalstatuen dann das Privileg der Cäsaren.[8]

Kolosse stellten die Künstler vor einige Probleme, da sie eine große Eigenlast hatten, die es auszugleichen galt. Auch der Winddruck spielte eine spezielle Rolle. Die Aufgabe des Künstlers war es, der Statue gleichzeitig eine Standfestigkeit zu verleihen, aber auch zu schauen, dass sie trotzdem gut aussah. So wurde in den meisten Statuen innen ein Holzgerüst erbaut, das der Statue den nötigen Halt gab.

In Rhodos findet man heute Postkarten etc., auf denen der Koloss breitbeinig am Hafen stehend dargestellt wird. Am Kopf trägt er einen Strahlenkranz und in der erhobenen Hand eine Fackel. Ein italienischer Pilger namens Martoni setzte im 14. Jahrhundert die Geschichte in die Welt, dass der Koloss ebenso dastand, wobei er einen Fuß auf die Mole und den anderen Fuß auf das Festland gesetzt hätte. Dieses Gerücht griffen dann auch die bildenden Künstler auf und seitdem verbindet man den Koloss immer mit diesem Bild. Dazu muss gesagt werden, dass zwischen der Mole und dem Festland aber 100 Meter liegen.

Merkwürdig am Koloss ist auch, dass die Statue Helios zeigt, denn normalerweise waren Athene, Zeus, Poseidon oder Apollo die begehrtesten Schutzgötter der Griechen. So war beispielsweise auch Athena die Schutzgöttin der alten nordischen Stadtstaaten in Rhodos (Kameiros, Ialyssos und Filerimos), denn in diesen Städten konnte ein Athenatempel nachgewiesen werden. Möglicherweise wollten sich die neuen Bewohner der Insel Rhodos davon entfernen und wählten Helios zu ihrem Schutzgott – eine gute Wahl, die sich auch heute noch erkennbar macht, da Rhodos die sonnenreichste Insel Griechenlands ist. Es wurde in Rhodos auch ein jährlich stattfindendes Fest zu Ehren des Gottes Helios überliefert. Es gab eine Pompe und Wettkämpfe. Dieses Fest schließt an die großen Agone der griechischen Welt - den olympischen Spielen, den isthmischen Spielen, den delphischen Spiele und den nemäischen Spielen an – und so bekam auch bei den rhodischen Spielen der Gewinner bzw. die Gewinner nur eine Preisamphore mit Olivenöl und als Krone eine Krone aus Silberpappeln.[9] Silberpappel sind Bäume, die an und für sich mit der Unterwelt verbunden werden, denn am Fluss Archeron beispielsweise findet man sie. Auch Orpheus hat sie in der Unterwelt gesehen. Wegen ihrer langen Stiele sind die Blätter immer in Bewerbung und wurden als Götterstimme interpretiert – daher dienten sie auch als Orakelbäume Helios die Hauptgottheit dieser Insel verschmolz ja immer wieder mit Apoll und Apoll war der Orakelgott.

Wurde errichtet, weil Rhodos dem Makedonen Demetrios Poliorketes belagert wurde und diese Belagerung gut ausging. Er wurde in 12 Jahren Bauzeit errichtet[10]. Die Rhoder glaubten, dass ihnen Helios zu einem Sieg verholfen habe. Der Sieg konnte mir folgender

---

[8]   Hoepfner, 5

[9]   Hoepfner, 32

[10]   Plin. Nat. hist. 34,18

List glücken: Einer Eingebung folgend – die natürlich von Helios kam – bauten die Rhoder zwischen den Belagerungsgeräten der Feinde und ihren eigenen Stadtmauern des Nachts einen Graben, so dass die Belagerungsmaschinen am nächsten Morgen hineinstürzten. Demetrios Poliorketes zog sich daraufhin zurück und überließ den Rhodern seine Belagerungsmaschinen, die diese veräußerten, um damit Geld für eine Kolossalstatue aufzubringen. Als Erbauer gilt Chares von Lindos[11], ein Schüler von Lysipp. Es gab auch eine Weihinschrift (überliefert in der Antologie Palatina), in der die Rede davon ist, dass die Rhoder von Herakles abstammen. Dies kann aber insofern nicht stimmen, da man sich auf Rhodos auch folgende Begebenheit schildert: Eines Tages kam Herakles nach Lindos und stahl dort die Schafe eines Bauern. Dieser nicht faul, stahl seine Schafe wieder zurück, woraufhin Herakles zu schimpfen anfing und seitdem gibt es die Redensart „Fluchen wie ein Linder". Philon von Byzanz gibt Auskunft über die Gusstechnik. Die Wissenschaft ging immer davon aus, dass der Koloss in Einzelteilen gegossen wurde und die Einzelteile dann an seinem Standort zusammengefügt worden sind. Philon sagt, dass der Koloss bereits an seinem Standort erbaut wurde: Stück für Stück. Verwendet wurden für den Koloss 500 Talente Bronze und 300 Talente Eisen, wobei ein Talent ca. 30 Kilo sind. Somit wurden für die Statue 15 Tonnen Bronze und 9 Tonnen Eisen verwendet.[12] Zuerst begann der Künstler mit einer Basis aus weißem Marmor, auf der die Füße des Kolosses errichtet wurden. Daher ist der breitbeinig Standort am Hafen nicht möglich. Danach begann man mit der untersten Etage, war diese fertig, baute man einen Sandhaufen herum um so eine Möglichkeit zu haben, mit dem Bau der zweiten Etage zu beginnen. Im Inneren wurde der Koloss von einem Gerüst gehalten. Hoepfner ist der Ansicht, dass im Inneren der Statue drei Pfeiler waren: in den Beinen und in der linken Hand. Dieses Balken waren zusätzlich durch Querstreben verbunden und bildeten vermutlich eine Treppe.[13] Philon selber war kein Handwerker. Inwieweit er daher Wahres mit Falschem mischt, sei dahingestellt. Gewiss ist, dass es sowohl die Technik des Transportes gab (siehe Stonehenge oder Pyramiden) als auch die Technik mit den Erdhaufen (sehr beliebt bei den riesigen Säulenhallen von Tempel in Ägypten). Es gibt eine weitere Episode im Zusammenhang mit dem Koloss. Ursprünglich war er von den Rhoder nicht in so gewaltiger Größe in Auftrag gegeben worden. Im letzten Moment änderten sie ihre Meinung und bestellten den Koloss in seiner tatsächlichen Größe. Dies führte natürlich auch zur Erhöhung des Preises. Chares merkte zu später, dass er den achtfachen statt den doppelten Preis hätte verlangen können und wurde durch diesen Auftrag bankrott.[14] Der Koloss hatte eine Höhe von 70 Ellen.[15] Das entspricht einer Höhe von 105 Fuß, wobei ein Fuß rund 30 cm sind. Also lag die Höhe bei 31,60 m. 105 Fuß ist eine ungewöhnliche Größe, vermutlich war die Statue von Fuß bis Kopf 100 Fuß hoch und die Strahlenkrone noch einmal 5 Fuß hoch. Auf alle Fälle kann man diese Statue als Hekatompedes als 100 Füßer bezeichnen.
Der Koloss wurde 292 v. Chr. fertiggestellt und schon wenige Jahre später (226) kam es zu einem Erdbeben, das den Koloss zerstörte. Strabon berichtet, dass die Statue einfach in die Knie gebrochen sei.[16] Die Rhodier hätten danach auch finanzielle Unterstützung bekommen, um den Koloss wiederzuerrichten, lehnten jedoch ab und ließen die Bronzeteile einfach liegen. Um dies zu begründen, gab man an, ein Orakel hätte folgendes prophezeit: „Was gut

---

[11]   Plin. Nat. hist. 34,18

[12]   Brodersen, 89

[13]   Hopefner, 97

[14]   Sextus Empiricus, *Adversus mathematicos* 7, 106f.

[15]   Plin. Nat. hist. 34,18

[16]   Strabon, 16. 652

liegt, das soll man nicht von der Stelle bewegen!" [17] Noch Plinius der Ältere, der im 1. Jahrhundert nach Christus lebte, beschrieb, dass man die Teile noch sehen konnte und es nur wenigen Männern gelangt, den Daumen der Statue als Ganzes mir den Armen zu umfassen. [18] Ein syrischer Gelehrter, Theophilus von Edessa, berichtet in seiner Chronik, dass die Araber die Metallteile mit 900 Kamelen abtransportiert hätten. Das typische Bild des Koloss, der mit gespreizten Beinen an der Mole steht und durch den fahrenden Schiffe hin durchfahren können, ist auf die Johanniter zurückzuführen, die genau diese Legende verbreiteten und so kam sie auch in das westliche Europa. Die erste Zeichnung, die den Koloss so darstellt, ist von Martin van Heemskerck, einem niederländischen Maler. Auch Bernhard Fischer von Erlach stellt den Koloss von Rhodos dar.

Das ursprüngliche Wort „kolossos" ist ein phrygisches Wort und bezeichnet lediglich eine menschliche Statue. Durch den Koloss von Rhodos bekam es aber auch die Bedeutung, die es heute auch noch hat.

Die Frage, die nach wie vor nicht geklärt ist, ist wo der Koloss stand. Wie sich in Olympia nachweisen lässt und auch am Parthenon waren solche Kolossalstatuen gerne in Tempeln untergebracht. Es gab auch einen Tempel, für den der Bildhauer Lysipp einen Helios mit Viergespann erschaffen hat. Es war Lysipps berühmtestes Werk. Leider ging das Werk verloren und man weiß auch nicht, wo der Tempel stand. Gefunden wurde lediglich ein Temenos auf der Akropolis von Rhodos. Ob der Tempel für die Statue des Lysipp und der Tempel im Temenos in und der gleiche sind, entzieht sich unserer Kenntnis. Gewiss ist, dass der Tempel im Temenos auf der Akropolis dem Helios geweiht war, denn dort wurden entsprechende Inschriften gefunden.

Eine einzige Quelle nennt den Standort des Koloss und zwar das Epigramm der Anthologia Graeca, in dem von „hoch über dem Meere" gesprochen wird. [19] Dies heißt aber nicht automatisch, dass der Koloss auf der Akropolis gestanden haben muss. Es kann damit durchaus auch die Hafenmole gemeint sein, deren Sockel, auf dem ein Turm stand, 14 Meter an Höhe misst.

Ein weiteres Problem ist, dass man nicht mehr weiß, wie diese Statue ausgesehen hat. Es gibt in der griechischen Welt mehrere Kleinbronzen, die Helios zeigen und wenn man alle betrachtet, fallen einige Gemeinsamkeiten auf. Man kann davon ausgehen, dass diese Gemeinsamkeiten auch der Koloss von Rhodos zeigte. Demnach müsste es sich um einen athletischen, nackten Gott gehandelt haben (das ist bei Götterstatuen typisch), dessen Standbein das rechte war, die rechte Hand am Kopf erhoben und am Kopf hatte er einen Strahlenkranz. Sein Mantel war gerafft. Diese Raffung des Mantels hätte dem Künstler auch die Möglichkeit gegeben, eine Stütze einzubauen, die dann durch den Mantel verdeckt wurde. [20] Sinnvoll wäre es, wenn der Koloss nach Norden geschaut hätte, denn von dort sind die meisten Schiffe nach Rhodos gekommen.

Es ist auch gewiss, dass der Koloss von Rhodos auch nach seiner Zerstörung noch bekannt war und zur Nachahmung angeregt hat. So errichtet Kaiser Nero vor seinem Haus – der Domus Aurea – eine Kolossalstatue mit seinen Gesichtszügen, die einen Strahlenkranz trug.

Mausoleum von Halikarnassos:
Dabei handelt es sich um das Grabmal des Königs Maussolos von Karien. Mausolos ist ein persischer Verwalter, der die Region Karien seit 377 regierte. Da das Perserreich zu diesem Zeitpunkt nicht mehr so mächtig war, machte sich Mausolos selbständig und rief sich zum König aus. Es wurde 368 -350 v. Chr. in der heutigen Stadt Bodrum errichtet und stand auf

---

17   Scholien zu Platon, *Philebos* 15c

18   Plinius der Ältere, *Naturgeschichte* XXXIV 41

19   Ant. Graec. 6,171

20   Hoepfner, 81

einer älteren Nekropole. Diese Nekropole wurde eingeebnet und es wurde ein eigener Grabbezirk errichtet. Die Kammern der Nekropole wurden aufgefüllt. Als Fundament wurde Vulkangestein verwendet. Der Bau war 46 Meter hoch. Der Sockel war aus grünem Vulkangestein und mit Marmor verkleidet. Ob das Podium selber über eine Treppe zu erreichen war oder nicht, kann heute nicht mehr gesagt werden. In der antiken Literatur ist davon nirgends die Rede. Auf der anderen Seite bekommt man nicht alle Figuren, die das Mausoleum beinhalten sollte, unter, wenn das Podium nicht gestuft gewesen wäre. Über den Stufen erhob sich ein Peripteros mit 9*11 Säulen zwischen denen Skulpturen in Lebensgröße aufgestellt waren. Plinius berichtet von 36 Säulen. Das Dach bildetet eine 24 stufige Pyramide, deren oberen Abschluss eine Plattform mit einer von Maussolos gelenkte Quadriga bildete. Die Pferde trugen Bronzeapplikationen. Die Quadriga wird dem Künstler Pytheos zugeschrieben. Insgesamt wurden für diesen Bau die bekanntesten Künstler dieser Zeit verpflichtet: Bryaxis aus Karien, Pytheos, Leochares aus Athen (Apollo von Belvedere), Timotheos (Asklepiostempel in Epidauros; hin und wieder wird statt ihm auch Praxiteles genannt) und Skopas aus Paros. Man kann das Mausoleum daher ruhig auch als Künstlerwettstreit bezeichnen. Durch Plinius wissen wir auch, welcher Künstler für welche Seite des Mausoleums zuständig war: Skopas für die östliche, Bryaxis für die nördliche, Timotheos (oder Praxiteles) für die südliche und Leochares für die westliche. Die angebrachten Reliefe waren bunt, denn bei den heute noch erhaltenen Fragmenten sind noch Farbspuren zu erkennen.
Den Auftrag zu diesem Grabmal gab die Schwester und gleichzeitig Frau des Maussolos Artemisia. Autoren sprechen in diesem Zusammenhang von einem Liebesbeweis. Valerius Maximus weiß zu berichten, dass Artemisia die verbrannten Überreste ihres Mannes in eine Flüssigkeit streute und diese dann trank. Fertiggestellt wurde das Bauwerk erst nach dem Tod der Artemisia und des Maussolos. Im 12. Jahrhundert nach Chr. ist das Bauwerk durch ein Erdbeben zerstört worden, Fundamente gibt es bis heute. Augenzeugenberichten zufolge nahmen die Johanniter die restlichen Marmorblöcke 1524, um Baumaterial für die Festung St. Peter zu bekommen, den letzte christlichen Brückenkopf, da sie sich bereits aus Zypern und Rhodos zurückziehen mussten.
Auch hier gibt es zahlreiche malerische Rekonstruktionsversuche. 1966-1977 gab es eine dänische Grabung, die die unterirdische Grabkammer und das Kanalisationssystem entdeckten, die heute noch zu sehen sind.
Nachahmungen gibt es in London und in Washington (House of Tempel, Freimaurertempel).

Artemision – Tempel der Diana Artemis in Ephesos: Auf dem Bau des Weltwunders gab es schon einen Vorgängerbau, der von einer Amazone errichtet worden sein soll: Otrere war eine Gattin des Ares und flüchtete sich in diesen heiligen Bezirk, da die Amazonen verfolgt worden waren. In diesem heiligen Bezirk wurden sie aber nicht angegriffen und daher stiftete sie als Dankbarkeit diesen Tempel.[21] Plinius weiß zu berichten, dass der Bau 120 Jahre gedauert hätte und der Tempel auf sumpfigen Gebiet gebaut worden war. Um das Absinken zu verhindern, unterlegte man diesen mit fest gestampfter Kohle und Wollvlies. Der Tempel hatte 127 Säulen, wobei eine von Skopas stammte. Der Hauptarchitekt war Chersiphron. Der Bau dieses Weltwunders erforderte eine gute Bautechnik. Diese war beim Artemision folgendermaßen: Die steinernen Querbalken wurden mit Sand gefüllten Binsenkörben in Position gebracht. Oberhalb von Tor war der schwerste Balken, den man einfach nicht in Position bekam. Chersiphron, der dadurch nicht zum Gespött der Leute werden wollte, dachte an Selbstmord, aber Artemis erschien ihm im Traum und hielt ihn davon ab und sie selber schob den Querbalken in Position – so Plinius. Damit hatte sie eindeutig die Zustimmung zu dem Tempelbau gegeben. Diesen Tempel finanzierte König Kroisos mit. Darüber gibt uns eine Stifterinschrift Auskunft.[22] Der Tempel wurde um 460 fertiggestellt und

---

21   Brodersen, 70

22   Brodersen, 71

durch die 120 jährige Bauzeit demnach um 560 begonnen. Dieses erste Weltwunder wurde von Herostratos angezündet. Einzig und alleine aus dem Grund, um sich einen Namen in der Geschichte zu machen. Der Tempel brannte angeblich genau in der Nacht nieder, in der Alexander der Große geboren wurde also im Jahr 356. In Ephesos wurde ein neuer Tempel errichtet, den Alexander der Große mitfinanzieren wollte mit der Bedingung, dass sein Name in einer Bauinschrift genannt wird. Dies wollten die Ephesier nicht und lehnten mit der Begründung ab, dass es nicht schicklich sei, wenn ein Gott einem anderen Gott einen Tempel baue. Dieser Tempel wurde im 4. Jahrhundert nach Christus geplündert und die Säulen wurden teilweise für andere Gebäude verwendet (Mosche am Ayosalük) oder vom Sumpf geschluckt.[23] Antipatros von Sidon nennt dies als das größte Weltwunder, das alles andere verblassen ließe. Über die Bautechnik geben uns einerseits Vitruv und andererseits Plinius Auskunft. Vitruv spricht von einem Dipteros mit jeweils acht Säulen an der Vorder- und an der Rückseite. Architekten waren Theodoros aus Samos und Chersiphron aus Knossos. Zuerst musste das Weltwunder trocken gelegt werden. Dabei holte man sich Rat von Rhoikos, der den Heratempel auf Samos erbaut und mit dem gleichen Problem zu kämpfen gehabt hatte.   Man solle Holzkohlen und Sand unterlegen und so wurde es gemacht.

Plinius gibt genauere Angaben. Er überliefert eine Länge von 141 Metern, eine Breite von 75 Metern und nennt 127 Säulen, von denen 36 reliefiert waren. Eine davon von Skopas. (Mausoleum von Halikarnassos)

Die ältesten Reste sind aus der mykenischen Zeit. Danach folgte im 8. Jahrhundert ein Kultplatz mit einer Opfergrube mit Weihungen in Gold und Eisen. Darüber wurde dann eine quadratische Kultbasis errichtet. Danach folgte die sogenannte Zentralbasis – drei Tempeln: A, B und C. Es handelt sich einfach um drei Tempeln, die nacheinander an der gleichen Stelle erbaut worden sind. Der Tempel hatte an der Vorder- und Rückseite je 4 Säulen und an der Langseite je 8 Säulen. In der Cella befanden sich 2x3 Säulen. Im Jahr 560 wurde von Kroisos das Ältere Artemision erbaut und wurde nach einer Bauzeit von mehr als hundert Jahren fertiggestellt. Bei dem Artemision handelt es sich um einen Sekos (offener Tempelinnenhof), in dessen Ostteil sich ein kleiner Tempel befunden hatte. In diesem Naiskos soll sich das hölzerne Kultbild befunden haben. Bei dem Tempel handelt es sich um einen Dipteros (zwei Säulenreihen an der Front und an der Rückseite). Zerstört wurde das Ältere Artemision aufgrund eines Brandanschlages des Herostratos, der Zugang zu dem hölzernen Dach hatte und es so anzünden konnte. Spuren eines Feuers lassen sich auf dem archaischen Architraven nachweisen.

Pharos – der Leuchtturm von Alexandrien:
Dieser Leuchtturm wurde in 15 Jahren unter der Regierung von Ptolemeios I errichtet. Bei Ptolemaios I handelte es sich um einen der Diadochen, die sich nach dem Tod von Alexander dem Großen das Reich aufteilten. Gewiss ist, dass der Pharos unter seinem Nachfolger Ptolemaios II beendet wurde. Der Leuchtturm stand in der Hafeneinfahrt, dort wo sich heute die Kait Bey Festung befindet. Diese Festung ist vermutlich noch auf den Resten des Pharos erbaut. Strabon beschreibt den Pharos „mit mehreren Stockwerken". Man geht daher davon aus, dass der zentrale Turm der Kait Bey Befestigung die gleichen Ausmaße hätte wie der Pharos sie einst gehabt hat. Im Hafenbecken wurden auch noch Reste des Weltwunders gefunden.[24] So konnte man feststellen, dass die Blöcke, die im Hafenbecken gefunden worden sind, aus Granit sind. Granit ist ein sehr stabiles Gestein – daher als Baumaterial für einen Leuchtturm nicht verwunderlich. Strabon berichtet aber auch von einem weißen Gestein, das als Baumaterial verwendet worden ist. Diesbezüglich konnte die Archäologie nichts finden. Als Architekt gilt Sostratos von Knidos. Der Leuchtturm hatte eine Höhe von 135 Metern und die Friese waren aus Marmor und Bronze. Die Säulen waren aus Marmor und Granit.

---

[23]   Brodersen, 74

[24]   Scarre, 45

Vermutlich war der Leuchtturm in vier Teilen aufgebaut. Der erste Teil bestand aus 300 Räumen, die für die Gerätschaften und die Leuchtturmwächter vorgesehen waren. An der Außenseite stand auf griechisch: Sostratos von Knidos, Sohn des Dexiphanes für die Götter der Segler. Die Götter der Segler waren die Dioskuren Kastor und Pollux.[25] Der zweite Teil war ein Oktogonal. Der 3. Teil war ein Rundmonument und darüber befand sich die Laterne, die von einer Kuppel bedeckt war. Auf dieser Kuppel befand sich eine Bronze Statue, die vermutliche Poseidon zeigte und 7 Meter hoch war.

Im Inneren gab es auch eine Zisterne und einfache Hebevorrichtungen, um die Laterne nach oben befördern zu können.[26]

Das Weltwunder blieb bis ins 14. Jahrhundert weitgehend erhalten und stürzte dann durch ein Erdbeben ein.

Um 1300 n. Chr. ab es eine Liste, die die „schönsten Werke und Schaustücke auf der Welt" nannte so unter anderem den Apollotempel in Milet, das Theater von Herakleia in Thrakien und der Asklepiostempel in Pergamon.

Asklepieion: Asklepios-Heiligtum:

Der Asklepios Kult kam im 4. Jahrhundert vor Christus über Epidauros nach Pergamon. Ursprünglich lag das Heiligtum außerhalb der Stadt. Der ursprüngliche Kern war eine Felshöhle, an der drei Wasserstellen lagen. Um die Wasserstellen herum wurden drei kleinere Tempelchen errichtet, wobei der Haupttempel im 3. Jahrhundert vor Christus erbaut wurde.

Um 200 vor Christus war das Heiligtum vollständig erbaut: im Süden gab es Inkubationshallen für den Heilschlaf und im O wurden Hallen errichtet, wodurch das ganze ein heiliger Bezirk wurde.

Das Heiligtum wurde zerstört und in der Kaiserzeit wieder neu errichtet: rechteckige Hofanlage, wobei an der Nordseite ein römisches Theater erbaut wurde. Archäologische Grabungen unter dem Theater brachten Wohnungen zum Vorschein. Möglicherweise hatten hier in einer früheren Zeit Leute neben dem Heiligtum gewohnt. Zwischen dem Theater und dem Propylon des Tempels gab es eine Bibliothekshalle, in der Südwestecke gab es Latrinen und im Südosten einen Rundbau (Tholos), den man auch in Epidauros findet und dessen Funktion noch nicht eindeutig geklärt werden konnte. Kultischer Raum? Raum für Schlangen?

Der unter den Römern neu errichtete Tempel war ein Rundbau, der dem Zeus Soter geweiht war. Das Vorbild dieses Tempels war der Pantheon in Rom, womit wir wieder einen Terminus post quem für die Datierung besitzen.

Die Tholos steht auf einem Unterbau und hat ein Kuppeldach. Der Unterbau besteht aus einem kreisrunden Kern und konzentrischen Kreisen.

Der Asklepioskult hielt bis zum 6 Jahrhundert nach Christus an.

Kolosseum:

Ursprünglich trug es den Namen Flavisches Amphitheater. Es wurde auf dem Platz erbaut, auf dem einst die Domus Aurea, das Haus des Nero stand. D.h. nun stand ein Theater, das für die Öffentlichkeit zugänglich war, in dem öffentliche Spiele stattfanden, auf dem Areal, auf dem einst das Haus eines Tyrannen gestanden hatte.

Zwischen 70 und 75 nach Christus wurde es erbaut und 80 nach Christus unter Titus mit einer Anzahl von Spielen eröffnet.. Das Kolosseum ist elliptisch und hat einen Durchmesser von 188 Metern. Die Außenmauer ist 48,5 Meter hoch.

Es bot Platz für ca. 50.000 Zuschauer, die auf mehreren Rängen (vier) Platz fanden. Die Zuschauer konnten das Kolosseum durch 76 Eingänge betreten. Der Haupteingang trägt folgende Inschrift: Imperator Caesar Vespasianus Augustus Amphitheatrum Novum ex manubiis fieri iussit) Die Eingänge waren auch mit römischen Zahlen beschriftet.

---

[25]   Riad, 19

[26]   Riad, 20

Um die Zuschauer vor Hitze zu schützen, gab es Sonnensegel.

Unter der Arena befanden sich die Gladiatoren oder wilde Tiere, die durch Aufzüge und Falltüre in die Arena gelangten.

Das Kolosseum ruhte auf einer Konstruktion, die aus einer Reihe von Bögen und Bogengängen bestand. Die Grundmauern dieser waren tief in den Boden eingelassen. Das Innere war aus Beton, die Außenfassade aus Travertin (in der Renaissance war dieses Material sehr begehrt, weswegen in dieser Zeit das Kolosseum sozusagen auch ein Steinbruch war), wobei die Menge an Travertin nach oben hin abnimmt. Im Erdgeschoss gab es dorische Säulen, dann ionisch und darüber korinthisch. Im 3. Rang gab es Steinbänke und im 4. Holzbänker.

Vor dem Theater hatte einst eine Kolossalstatue des Nero gestanden. Er verfiel der damnatio memoriae und deswegen wurden sein Kopf gegen den Kopf des Sonnengottes Apoll ausgetauscht.

Im Mittelalter wurde das Kolosseum in die Befestigungsanlage der Familie Frangipani eingebaut. Danach diente das Kolosseum als Steinbruch. Seit 1744 ist es eine Gedenkstätte für christliche Märtyrer und damit von der Plünderung verschont geblieben.

Martial (1. Jahrhundert nach Christus, Liber de Spectaculis) beschreibt sehr ausführlich, dass Löwen, Geparden und Leoparden als wilde Tiere verwendet wurden, die oft gegeneinander kämpfen mussten. Auch Kämpfe zwischen Gladiatoren und Tieren war möglich.

Man bekam im Kolosseum alle möglichen Speisen serviert. Es war fast ein Menü. Man fand auch auf Steinplatten aufgeritzte Spiele und man geht auch davon aus, dass Frauen während ihrem Kolosseumsbesuch strickten etc.

Ursprünglich trug es den Namen Flavisches Amphitheater. Es wurde auf dem Platz erbaut, auf dem einst die Domus Aurea, das Haus des Nero stand. D.h. nun stand ein Theater, das für die Öffentlichkeit zugänglich war, in dem öffentliche Spiele stattfanden, auf dem Areal, auf dem einst das Haus eines Tyrannen gestanden hatte.

Zwischen 70 und 75 nach Christus wurde es erbaut und 80 nach Christus unter Titus mit einer Anzahl von Spielen eröffnet.. Das Kolosseum ist elliptisch und hat einen Durchmesser von 188 Metern. Die Außenmauer ist 48,5 Meter hoch.

Es bot Platz für ca. 50.000 Zuschauer, die auf mehreren Rängen Platz fanden. Die Zuschauer konnten das Kolosseum durch 76 Eingänge betreten. Der Haupteingang trägt folgende Inschrift: Imperator Caesar Vespasianus Augustus Amphitheatrum Novum ex manubiis fieri iussit) Die Eingänge waren auch mit römischen Zahlen beschriftet.

Um die Zuschauer vor Hitze zu schützen, gab es Sonnensegel.

Unter der Arena befanden sich die Gladiatoren oder wilde Tiere, die durch Aufzüge und Falltüre in die Arena gelangten.

Das Kolosseum ruhte auf einer Konstruktion, die aus einer Reihe von Bögen und Bogengängen bestand. Die Grundmauern dieser waren tief in den Boden eingelassen. Das Innere war aus Beton, die Außenfassade aus Travertin (in der Renaissance war dieses Material sehr begehrt, weswegen in dieser Zeit das Kolosseum sozusagen auch ein Steinbruch war). Im Erdgeschoss gab es dorische Säulen, dann ionisch und darüber korinthisch.

Vor dem Theater hatte einst eine Kolossalstatue des Nero gestanden. Er verfiel der damnatio memoriae und deswegen wurden sein Kopf gegen den Kopf des Sonnengottes Apoll ausgetauscht.

Im Mittelalter wurde das Kolosseum in die Befestigungsanlage der Familie Frangipani eingebaut. Danach diente das Kolosseum als Steinbruch. Seit 1744 ist es eine Gedenkstätte für christliche Märtyrer und damit von der Plünderung verschont geblieben.

Martial (1. Jahrhundert nach Christus, Liber de Spectaculis) beschreibt sehr ausführlich, dass Löwen, Geparden und Leoparden als wilde Tiere verwendet wurden, die oft gegeneinander kämpfen mussten. Auch Kämpfe zwischen Gladiatoren und Tieren war möglich.

Man bekam im Kolosseum alle möglichen Speisen serviert. Es war fast ein Menü. Man fand auch auf Steinplatten aufgeritzte Spiele und man geht auch davon aus, dass Frauen während ihrem Kolosseumsbesuch strickten etc.

Stonehenge:
Entstand während des Neolithikums und bildet einen fast konzentrischen Kreis. Innerhalb des Ringes befinden sich 82 Basaltsteinblöcke. Die Steine wurden rechteckig behauen.[27] Insgesamt lassen sich 4 Steinringe erkennen. Der äußerste ist aus Sandstein, die durch Decksteine miteinander verbunden sind. Sie haben einen Durchmesser von 33 Metern. Die innere Kreisformation ist hufeisenförmig, weil durch sie ein Altarstein umschlossen wurde. Das Gesamtbild von Stonehenge wurde mehrfach geändert.[28] In der ersten Phase wurde der Wall mit 56 Löchern errichtet, die als Gräber dienten. Danach wurden die zwei Sandsteinkreise gebildet (heute sind nur mehr 17 Steine erhalten), wobei jeweils zwei durch Querbalken miteinander verbunden sind. In dieser Phase entstanden ebenso die Tore in der Mitte des Ringes. In einer zweiten Phase wurden Steinkreise aus Blausteinen (ca. 80 Steine) gebaut. Diese Steine sind kleiner als die Sandsteinblöcke. Der Abschluss erfolgte mit den sogenannten Y und Z Löchern, wobei die Funktion dieser Löcher nicht klar ist. Es ist ausgeschlossen, dass es sich um Vertiefung für Pfosten handelt, da keinerlei Holzkohlereste gefunden wurden.[29]
Rund um Stonehenge hat man in den vergangenen Jahren sehr viele prähistorische Gräber gefunden. Deswegen gehen einige Forscher davon aus, dass Stonehenge möglicherweise als Friedhof genutzt worden ist.[30] Sehr viele der Toten wiesen Spuren von Krankheiten und körperlichen Gebrechen auf – war Stonehenge ein besonderer Friedhof?
Möglicherweise gibt es hierfür aber noch eine ganz andere Erklärung. IM Jahr 2002 wurde 5 Kilometer von Stonehenge entfernt das Skelett eines Mannes gefunden, der vor 4000 Jahren gelebt hatte. Er war ein Angehöriger der Oberschicht und er hatte ein Abszess am Kiefer. Dazu kam eine schwere Knieverletzung. Beides sehr unangenehme und schmerzvolle Krankheiten für die damalige Zeit. Aufgrund der Analyse des Zahnschmelzes kann man feststellen, woher Menschen kommen und diese Untersuchung ergab, dass das gefunden Skelett aus dem Alpenraum kam. Nun stellt sich die Frage wieso ein Mensch mit schmerzvollen Verletzungen diesen weiten Weg auf sich nehmen sollte? War Stonehenge möglicherweise so etwas wie ein Asklepiosheiligtum der Bronzezeit oder ein Lourdes der Bronzezeit?[31]

Newgrange:
Es ist ein 11 Meter hoher Hügel mit einem Durchmesser von 90 Metern, der von einem Steinkreis umgeben wird. Zusätzlich gibt es außen noch einen Ring aus 97 Steinplatten. Die Umfassungsmauer ist aus Quarz mit schwarzen Quarzsteinen. Über dem Eingang befindet sich eine steinerne Box, durch die zu den Sonnenwenden das Licht fällt. Der Gang in das Grabinnere und die Grabkammer sind verziert.
In der Hauptkammer gibt es eine falsche Gewölbekuppel. Ursprünglich dachte man an das Grab eines Königs. Man fand zwar in den Nischen der Grabkammer menschliche Knochen, aber nichts, was auf einen König hindeuten würde.[32]
Eine weitere Form der Megalithbauten sind Menhire. Dabei handelt es sich um einzelne Steine, die auf Anhöhen oder in den Tälern stehen. Das Aussehen variiert. Das Material musste oft von weit her geschafft werden.

---

27   Korn, 127

28   Constable, 89

29   Korn, 129

30   P.M. History, 50

31   P.M. History, Martin, 53

32   Korn, 86

Die meisten Menhire gibt es in Frankreich.[33] Einige sind unbearbeitet und andere waren möglicherweise als Grenzsteine gedacht.

Schatzhaus des Atreus:
Es handelt sich hierbei um ein Kuppelgrab, das sich in Mykene befindet und um 1350 v. Chr. entstand. Typische Kennzeichen eines Kuppelgrabes sind der Dromos – der Zugang und die Grabkammer, die von einer Kuppel überdacht war. Kuppelgräber waren meist nur den Menschen vorbehalten, die auch entsprechend wohlhabend waren. Die ärmere Bevölkerung hatte normale Schachtgräber oder Hügelgräber. Der Dromos des Schatzhaus des Atreus ist ca. 36 Meter länger und führt zu einer Tür, die aus Holz war. Links und rechts der Tür gab es Halbsäulen, die bemalt waren. Der Türsturz besteht aus zwei Steinen, von denen jeder mehr als 100 Tonnen wog. Über dem Türsturz war die Mauer gekragt und dadurch bildete sich das sogenannte Entlastungsdreieck, das das Gewicht der Kuppel auf die Seitenwände lenken sollte. Die Kuppel ist aus rechteckigen Steinen erbaut, die aufeinander gelegt wurden, wobei ein Teil des Steines immer weiter nach innen stand. So entstand die gekragte Form. Die Kuppel hat einen Durchmesser von 14,50 Metern und war für1400 Jahre lang die größte Kuppel, die es in Europa gab. Abgelöst wurde diese Kuppel durch den Neubau des Pantheons in Rom. Die Kuppel bedeckt einen runden Raum, von dem man in eine kleine rechteckige Grabkammer kommt, die zur Zeit der Entdeckung allerdings schon geplündert war.
Atreus war der legendäre König Mykenes, der seine Abstammung auf Tantalos zurückführen konnte und dessen Geschlecht daher verflucht war. Wie er König von Mykene wurde, weiß man nicht so genau. Gewiss ist, dass er zu einer Zeit nach Mykene kam, als Erystheus dort König war. Erystheus war der König, für den Herakles die 12 Taten vollbringen musste. Als Erystheus starb, wurde vermutlich Atreus der Herrscher. Atreus versprach als Dank sein bestes Lamm der Artemis zu opfern. Sein bestes Lamm war aber golden und so schenkte er es seiner Frau und bat diese, es zu verstecken. Sie schenkte es ihrem Schwager Tyestes, der gleichzeitig ihr Liebhaber war und seinen Bruder dazu überredete, dass derjenige von ihnen König sein sollte, der dieses Lamm hätte. So gewann Thyestes. Seine Königswürde war aber nur von kurzer Dauer, da Atreus meinte, er würde wieder König werden, sobald die Sonne sich rückwärts bewege. Dieses Kunstwerk brachte Zeus zustande und so wurde Atreus wieder König. Atreus, der von dem Ehebruch seiner Gattin gehört hatte, verbannte Thyestes und lud ihn einige Jahre später wieder zu einem Gastmahl ein – scheinbar um sich zu versöhnen. Davor tötete er aber die Söhne des Thyestes und setzte sie ihm als Mahl vor. Thyestes schwor auf Rache, befragte da Orakel und dieses prophezeite ihm, dass er mit seiner eigenen Tochter Pelopeia einen Sohn bekommen würde, der Arteus töten werde. So wurde Aigisthos geboren und seine Mutter gab den Jüngling weg – aus Scham vor dem Inzest. Ein Hirte fand den Jüngling und gab ihm Atreus, der ihn wie einen eigenen Sohn aufzog. Als Aigisthos erwachsen wurde, offenbarte ihm Thyestes die ganze Geschichte und Aigisthos brachte den Atreus um. So hatte sich das Orakel erfüllt. In weiterer Folge kam Agamemon, der Sohn des Atreus, auf den Thron und auch dieser wurde von Aigisthos ebenfalls umgebracht.

Parthenon:
Bei diesem Tempel handelt es sich um einen dorischen Tempel, der der Athena Parthenos – der jungfräulichen Göttin – geweiht ist.
An dieser Stelle gab es schon einen Vorparthenon. Über die Funktion weiß man leider sehr wenig, da der Parthenon an der selben Stelle erbaut worden ist. Wurde 480 vor Christus zerstört und dann wiederaufgebaut, wobei es eine Koexistenz von dorischem und ionischem Stil gibt. Der Parthenon hat 8x 17 Säulen – entspricht also einem „dorischen Kanon".
Die Cella hat an ihrer Außenseite einen ionischen Fries. Normalerweise besitzen nur ionische Tempel einen Fries und wenn, dann auf der Innenseite. Wieso der Fries hier an der Außenseite angebracht wurde, lässt sich nur vermuten, wissen kann man es nicht.

---

[33]   Korn, 106

Die Cella hatte im Inneren eine Kolonnade mit dorischen Säulen, die die Cella an drei Seiten umschloss. Hier befand sich auch die Kultstatue, die von Pheidias gebaut wurde. Die Statue hatte enorme Ausmaße von 12 Metern. Die Statue war von aus Gold und Elfenbein, wobei das goldene Gewand abnehmbar war. Somit war die Statue zugleich Goldreserve. Pheidias wurde nach Fertigstellung wegen Unterschlagung von Gold und wegen Asebie (hätte sich selbst und Perikles am Schild der Athena dargestellt) angeklagt.

Auch Pausanias (1, 24, 5) erwähnt diese Statue: Dies Statue stellte Athena aufrecht stehend mit einem Chiton bekleidet dar. Sie trug Schild und Lanze. Am Schild war das Medusenhaupt abgebildet. Um die Lanze wandte sich eine Schlange. Am Kopf trug sie einen Helm, auf dessen Mitte ein Sphinx abgebildet gewesen war. In der rechten Hand trägt sie Nike.Die Statue stand auf einem Podest, auf dem die Geburt der Pandora abgebildet gewesen war.

Die Statue wird in der Literatur oft erwähnt, heute sind jedoch viele Dinge nicht geklärt.

Giebeln:
Am Ostgiebel ist die Geburt der Athena dargestellt, bei der alle olympischen Götter zugegen sind. Links steigt Helios auf, rechts geht Selene unter, neben Helios ist ein jugendlicher Gott, der mit Dionysos identifiziert wird. Er liegt auf einem Fell und scheint noch unberührt vom Ereignis zu sein.

Im Westgiebel ist der Streit der Athena und des Poseidon um Attika dargestellt. Dieser Giebel ist viel besser erhalten. Ebenso sind die Lokalheroen dargestellt.

Metopen:
Hier findet wir Gigantomachie und Amazonomachie dargestellt ebenso wie die Iliupersis. Auf der Südseite sind die Kentaurenkämpfe dargestellt. Möglicherweise handelt es sich auch um eine Darstellung von der Hochzeit des Peirithoos, womit eine Verbindung zu Athen hergestellt wäre, da Peirithoos ja der Freund des Theseus war und dieser war König von Athen.

Der Hintergrund der Metopen war weiß, die Figuren heben sich davon ab, auch die Triglyphen waren wahrscheinlich blau

Mykene und Tiryns:
Mit diesen beiden Städten verbindet man unweigerlich den Begriff Kyklopenmauern. Es handelt sich dabei um so gigantische Mauern, dass man der Meinung war, diese können nur von Riesen erbaut worden sein. Die Mauern stammen aus einer Zeit um 1350 v. Chr. und bestand aus zwei Hälften: große Kalksteinblöcke zwischen denen kleinere Steine eingefügt waren. Die Zwischenräume wurden mit Erde und Steinen gefüllt.

Die Stadt war seit der Bronzezeit besiedelt. Erst ab dem 16. Jahrhundert vor Christus wirtschaftlicher Aufschwung. Lag auf einem Hügel, der von einem Mauerring umgeben war. Die Mauern werden als Kyklopenmauern bezeichnet, da riesige Steine ohne Mörtel aufeinander gesetzt wurden. Auf dem Hügel befanden sich die Lagerräume, die Wohnquartiere, die Werkstätten und die Akropolis mit dem Königspalast. Der Palast besteht aus einem Megaron, der damalig üblichen Hausform, auf der Spitze des Burgberges. Im Inneren der Burg befand sich auch eine unterirdische Zisterne.

Die Burg betrat man durch das Löwentor. Der Löwe kommt öfter auf mykenischer Kunst vor, ist also vermutlich ein Symbol der Herrschaft und des Königs. Es gibt auch Theorien, dass es sich dabei um Greife handle. Die Greife wurden in der damaligen Zeit als Herrschersymbol benutzt. Man kennt verschiedene zeitgleiche Reliefe oder Siegeln, wo Götter oder Könige mit Greifen abgebildet sind – Tagung ägäische Bronzezeit 2009 Unmittelbar danach sind der Gräberrund A und der Gräberrund B, wobei B älter als A ist. Es handelt sich um Männer und Frauengräber. Kann man durch die unterschiedlichen Grabbeigaben (Frauen Schmuck und Männer Waffen) unterscheiden. Einige Skelette trugen auch Totenmasken aus Gold. Eine besonders majestätische wurde von Schliemann „Goldmaske des Agamemnon" getauft. Sie ist aber wesentlich älter.

Teilt sich in Oberburg und Unterburg. Alles, was heute noch zu sehen ist, ist aus der Zeit kurz vor dem Untergang der mykenischen Kultur.

Die Befestigungsmauern bestehen aus Kalkstein. Da sie ein unglaubliches Gewicht und von schier unglaublicher Größe waren, spricht man – ebenso wie in Mykene – von den Kyklopenmauern, da man davon ausging, dass man beim Baum Hilfe dieser riesigen mythologischen Figuren bedurfte. Man ist bemüht, dass die Blöcke immer gleich große sind, um sie wirklich in horizontalen Streifen erbauen zu können. Die Ansichtsseiten sind in der Regel gut bearbeitet.

Der Haupteingang in die Stadt erfolgt an der Ostseite. Dort führt eine Rampe in die Burg. Sie folgt in ihrem Verlauf der Burgmauer. Die Länge dieser Rampe beträgt ca. 47 Meter. Sie wurde bewusst so angelegt, dass man beim Hinaufgehen der Burgmauer die rechte – und somit die ungeschützte – Seite zu wandte. Dort kommt man an ein Tor und dahinter gelangt man zum Torweg, der zur Oberburg aufsteigt. Auch dort wird man wieder auf allen Seiten von Mauern umrahmt und stand somit immer unter Beschuss. Bevor man die eigentliche Burg betritt, geht man durch das große Tor, das in etwa die Dimensionen des Löwentors von Mykene hatte. Es handelte sich um ein zweiflügeliges Holztor. Und war vermutlich mit Fresken geschmückt. Hinter dem großen Tor öffnet sich das große Propylon, das nach Süden hin etwas abschüssig ist. Danach kommt man in den Palast.

Die Galerien:
Man erreicht sie über eine Treppe und besteht aus einem Gang, an den sich sechs Kammern anschließen. Vermutlich dienten die Galerien an Stallungen. Der Gang war bereits durch den Gewölbebau überdacht.

Der Palast:
Der Palast diente nicht nur der höfischen Repräsentation sondern war auch Wirtschaftszentrum. Außerdem beherbergte er auch die Privatgemächer des Herrschers. Es lässt sich also ein repräsentativer und ein privater Bereich erkennen – etwas, was man auch bei den Kaiserpalästen in Rom wieder erkennen wird. Der Palast war aus luftgetrocknetem Lehm erbaut – war also sehr leicht verletzbar. Hatte man es bis hierher als Feind geschafft, dann hatte man auch die Stadt erobert. Zusätzlich verwendete man Holz. Kein Wunder also, dass in der damaligen Zeit viele Paläste durch Feuer zerstört wurden. Das Mittelstück des Palastes waren die drei Megara, wobei ein Megaron der Thronsaal war. Links davon schließen die Wohnanlagen an und rechts davon der östliche Palast, der etwas älter ist als die Megara, da er aus einer früheren Zeit stammt.

Der Palasthof, der dahinter folgt, ist ebenfalls nach Süden hin abschüssig. Dieser Hof war an vier Seiten von Säulen umschlossen. Diese Säulen sind noch teilweise anhand der Basen erhalten.

In diesem Raum befand sich ein Rundaltar. Er befand sich nicht genau in der Mitte des Raumes, aber genau auf der Mittelachse des Hofraumes und des großen Megarons. Der Hof und das Megaron bildeten also eine Einheit.

Das große Megaron ist auf der höchsten Erhebung des Burgberges. Zwei flache Stufen führen in das erste Megaron, wo noch der Bodenbelag erhalten geblieben ist. Durch drei Türen erreichte man ein weiteres Megaron, der sozusagen der Vorraum des Thronsaales bildete. Der große Thronsaal gehört zu den größten Innenräumen, die in der mykenischen Architektur bekannt sind. Vier im Rechteck aufgestellt Holzsäulen trugen das Gebälk. In der Mitte des Raumes befand sich ein Herd, der kreisrund und gemauert war und ca. 3 Meter Durchmesser hatte. Genau gegenüber des Herdes erhob sich der Thronsessel des Königs.

Die Mittelburg
Diese liegt etwas tiefer als die Oberburg. Sie ist von starken Mauern umgeben, schützt also dadurch die Oberburg. Die Verwendung dieser Mittelburg ist unklar.

Die Westtreppenanlage:
Dies ist eine Meisterleistung der Verteidigung. Es ist eine Festungsmauer, die einzige in Tiryns, die nicht aus geraden Teilstücken besteht, sondern einem Kurvenverlauf folgt. Die Mauern sind ca. 7 Meter stark. Dazu kommt, dass es sich verengt und so nur wenige Feinde zugleich durch das Tor gehen konnten und den Verteidigern ausgeliefert waren.

Pantheon:
Der Pantheon ist aus Ziegelsteinen erbaut, dankenswerterweise, denn die Ziegelsteine sind alle mit einem Datum versehen, dem Herstellungsdatum des Ziegels. So weiß man, wann der Pantheon erbaut wurde und zwar im Jahr 125 n. Christus. An der gleichen Stelle, an der das Pantheon gebaut wurde, standen davor zwei andere Gebäude, deren ursprünglicher Erbauer Agrippa war. Agrippa war der Schwiegersohn des Augustus. Nur so ist die Inschrift zu erklären, die sich über der Portikus des Pantheons befindet: M. Agrippa L. F. Cos. Tertium fecit. Dahinter steckt wieder nur reine Propaganda. Hadrian will die Lorbeeren nicht für sich einheimsen, sondern tritt sie gerne an jemanden ab, der schon tot ist und diesen Platz aber zuerst für sich entdeckt hat. Agrippa war zudem bei den römischen Bürgern sehr angesehen gewesen.
Eine weitere Inschrift gibt uns darüber Auskunft, dass der Pantheon im Jahr 202 n. Christus von Septimius Severus und Caracalla restauriert worden ist.
Die dreischiffige Vorhalle ist über Stufen zu erreichen.
Die Portikus des Pantheon wurde von 16 Säulen (aus ägyptischem Granit) getragen, auf denen acht Bögen ruhen. Da der Pantheon ein Kuppelbau war, wobei der oculus (Durchmesser von 8, 3 Metern) offen war, wurden in den Fußboden Abflussschlitze gebaut, die heute noch zu sehen sind. Die Decke ist eine Kassettendecke, wodurch das Gewicht der Kuppel (Durchmesser von 43, 2) vermindert wird. Verkleidet war der Pantheon mit mehrere Steinen: unten war Travertin, dann ein Travertin-Tuff-Gemisch, dann Tuff und Backstein, dann Backstein und als letztes Bimsstein. Die Entfernung vom Fußboden zur Kuppel ist die gleiche wie der Durchmesser der Kuppel.
Die Rotunde war in der Antike nicht zu sehen, da links und rechte jeweils ein Gebäude war und diese Gebäude die Rotunde verdeckten. Die Rotunde als Bauelement gab es bis dahin nur bei Bädern und im Palast Bereich. Die Rotunde ist über 4 Stiegen zu erreichen, die aus gelbem Marmor waren. Die Vorhalle hat 8 x 3 Säulen und ist dreischiffig. Die äußeren Säulen enden in Apsiden, die mittlere Säulenreihe führt ins Innere,
Dem Eingang gegenüber ist eine halbkreisförmige Apsis, in der ursprünglich ein Podium für eine Statue war. Insgesamt gibt es 7 weitere Apsiden, teilweise rund und teilweise eckig.

Literaturverzeichnis:

Anthologia Graeca 6
K. Brodersen, Die sieben Weltwunder, Legendäre Kunst,- und Bauwerke der Antike (1996)
N. Constable, Höhepunkte der Archäologie (2009)
Hoepfner, Der Koloss von Rhodos und die Bauten des Helios (2003)
Plinius
P.M. History, Martin Bernstein, Weltwunder der Steinzeit
Ch. Scarre, Die 70 Weltwunder (2006)
Strabon
Sextus Empiricus, Adversus mathematicos 7
H. Riad, Alexandria. An archaeological guide to the city and the Greaco-Roman Museum (1960)